AF299875

LES

CRÉANCES ALIMENTAIRES

ET LA LOI DU 14 JUILLET 1905

La grande loi sociale du 14 juillet 1905 sur l'assistance obligatoire aux vieillards, infirmes et incurables est entrée aujourd'hui dans le domaine de la pratique.

M. le président du Conseil pouvait en effet constater, dans une circulaire adressée aux préfets, qu'au 31 mars 1908 plus de 400.000 personnes recevaient, du fait des dispositions légales, l'allocation mensuelle prévue à domicile. Au 31 décembre 1909, leur nombre s'était élevé à 520.344. C'est toute une organisation nouvelle de l'assistance publique qui se substitue au régime ancien, parfois imprécis, précaire ou mal coordonné.

L'œuvre est immense et complexe; aussi faut-il, comme le remarque M. le ministre de l'intérieur, se bien persuader que l'ère des difficultés n'est pas close. Le législateur et les pouvoirs publics doivent travailler d'accord à les résoudre, avec cette conviction et cette espérance que les incertitudes du début sont seulement temporaires. La loi s'imposera davantage à mesure qu'elle sera mieux connue; elle acquerra des forces en existant.

Nous nous proposons d'examiner ici une des questions délicates qui se présentent devant les bureaux d'assistance et les commissions cantonales : celle des créances alimentaires, de leur répétition et de leur recouvrement.

Après avoir rappelé ce qu'est l'obligation alimentaire, telle qu'elle résulte des articles 205 et suivants du Code civil, nous étudierons le recours créé par la loi nouvelle au bénéfice des collectivités intéressées contre les débiteurs de cette obligation. Nous verrons par quelles personnes et sous quelle forme ce recours peut être exercé, quelle en est la sanction et comment sont recouvrées ces créances.

Nous rechercherons à cette occasion s'il n'y aurait pas lieu d'apporter quelques simplifications à la procédure, pendant ou après l'instance, afin de donner plus de souplesse au mécanisme de la loi.

Assistance familiale et publique

Le droit à l'assistance est une conséquence de l'idée de solidarité. Comme la solidarité la plus proche est celle qui existe entre les membres d'une même famille, il était naturel que certains parents fussent tenus par la loi civile, comme par la loi morale, de fournir à d'autres parents dans la misère tout ce qui est nécessaire pour vivre : la nourriture, le vêtement et le logement. Cette obligation, dite alimentaire, résulte des articles 205 et suivants du Code civil.

Elle est due :

1º Entre ascendants et descendants à l'infini;

2º Entre certains alliés : gendres et brus d'une part, beau-père et belle-mère, d'autre part;

3º Entre époux (arg. art. 212 et 205 modifiés, par la loi du 9 mars 1891);

4º Entre l'adoptant et l'adopté (art. 349).

Enfin la loi établit un droit analogue, mais sans réciprocité d'obligation, au profit du donateur contre le donataire (C. civ., art. 955). Il s'agit d'ailleurs, en l'espèce, plutôt d'une sorte de restitution que d'un véritable secours.

Quoi qu'il en soit, dans tous les cas, l'assistance a lieu de particulier à particulier et reste exclusivement privée. Son domaine se trouve forcément restreint aux seules relations de parenté naturelle ou fictive, et de gratitude. Elle serait inefficace à soulager toutes les infortunes; aussi lorsque la solidarité familiale fait défaut, c'est l'État qui doit y suppléer. Le droit à l'assistance existe non seulement à l'égard de la famille, mais encore vis-à-vis de la société. Il constitue une dette sociale.

« Il y a réellement, écrit M. Hauriou, une solidarité entre les hommes conçus comme membres de l'État ; elle est distincte de la solidarité familiale, de la solidarité corporative et de la solidarité religieuse ; elle ne naît point des liens du sang, ni de la division du travail, ni de la participation de tous les hommes à la croyance en un même Dieu : elle naît de l'association rationnelle qui constitue l'État ; les hommes de la Révolution l'ont appelée fraternité et elle engendra les services de l'assistance publique. »

Cette idée que l'État doit son aide aux déshérités de la vie est fort ancienne, puisque, à Rome déjà, la plèbe réclamait du pain en même temps que des jeux : *Panem et circenses.*

Le principe de l'obligation se retrouve nettement formulé dans la déclaration des Droits de l'homme, article 21 : « Les secours publics sont une dette sacrée... La société doit la subsistance aux citoyens malheureux, soit en leur procurant du travail, soit en assurant les moyens d'exister à ceux qui sont hors d'état de travailler. »

C'est à la troisième République toutefois que revient l'honneur d'avoir sanctionné un droit si souvent proclamé. L'assistance publique n'a été vraiment organisée d'une manière rationnelle que par les grandes lois du 15 juillet 1893 sur l'assistance médicale gratuite et du 14 juillet 1905 sur l'assistance obligatoire aux vieillards, aux infirmes et aux incurables. L'article 1 de cette dernière loi a posé nettement le principe du droit au secours pour tout Français privé de ressources et incapable de subvenir par son travail aux nécessités de l'existence.

Cette dernière restriction applicable aux gens valides était naturelle, car « l'obligation est primordiale, et seule l'impossibilité de la remplir justifie l'appel au concours d'autrui ».

Le droit à l'assistance en faveur des malheureux étant établi sous cette seule réserve, il convient de rechercher dans quels cas il obligera la famille, et dans quels cas il obligera l'État. En d'autres termes, il faut distinguer les domaines propres de l'assistance familiale et de l'assistance publique qui coexistent dans nos lois et doivent se compléter sans que l'action de l'une absorbe ou paralyse l'autre.

Tout le monde est d'accord pour admettre que la dette familiale prime la dette sociale. C'est seulement si la famille ne peut s'acquitter de ses devoirs que l'État doit ses secours. « Il n'est personne, rappelle M. le ministre de l'intérieur, dans la circulaire précitée, qui puisse mettre en doute qu'au-dessus de toutes les lois d'assistance sociale subsiste, intangible et sacré, le devoir imposé aux enfants — et par la loi civile et par la loi naturelle — de subvenir aux besoins de leurs parents âgés, dans la mesure où ils peuvent le faire. »

Donc, pas d'hésitation sur ce point : le malheureux doit d'abord être secouru par les siens, non seulement par ses enfants, comme le dit la circulaire ci-dessus, mais encore par tous les débiteurs de la dette alimentaire. La loi nouvelle n'a pas restreint les obligations résultant pour ce chef du Code civil : elles demeurent entières.

Qu'arrive-t-il cependant si ces obligations ne sont pas remplies et si la famille se refuse à accomplir le devoir qui lui incombe ? Fallait-il aller jusqu'aux conséquences extrêmes du principe que le premier devoir d'assistance est à la charge de la famille ? Fallait-il écarter systématiquement les demandes de ceux qui auraient été en droit d'obtenir une pension alimentaire ?

Cette dernière solution aurait été très souvent inhumaine et, comme on l'a dit justement à la Chambre, ce serait l'annulation de la loi. Suivant la belle formule de Le Play, aucune théorie ne saurait d'ailleurs justifier l'abandon de ceux qui souffrent.

M. Millerand, président de la commission, a nettement établi le point suivant :

« La proposition de loi, déclara-t-il, donne une créance aux vieillards de soixante-dix ans, aux infirmes et aux incurables indigents. Pour que la créance soit sérieuse, pour que toute créance soit sérieuse, il faut qu'il y ait un débiteur certain, auquel on puisse immédiatement s'adresser, contre lequel on puisse faire valoir son droit. Ce débiteur certain, il est, d'après la proposition, suivant les cas, ou la commune, ou le département, ou l'État. »

Une première règle s'impose, conforme à la volonté du législateur et conforme à l'humanité : l'inscription sur les listes d'assistance de tout indigent, eût-il même des parents aisés tenus par la loi à la dette alimentaire.

Cette règle est impérative et ne saurait, à notre avis, comporter aucune exception. Nous avons pu constater cependant, par les doléances de nombreux maires, que cette thèse n'a pas été acceptée,

— 5 —

au début surtout, sans difficulté. « Comment, nous a-t-il été dit souvent, nous ne devons pas inscrire sur l'assistance tel vieillard appartenant à une famille malheureuse, parce que ses enfants, à force de privations et par dignité, assurent sa subsistance, et il nous faudra, au contraire, admettre tel autre, abandonné par sa famille, qui est pourtant aisée ? Mais ce résultat n'est-il pas scandaleux et comment sera-t-il interprété chez nous par l'opinion publique ? Certes, si nous créons ce précédent, nous craignons d'encourager les enfants à l'ingratitude et d'être débordés par les demandes de secours. »

A ces objections, qui nous ont été personnellement faites, presque à chaque réunion des commissions cantonales, il nous paraît possible de répondre qu'en réalité les abus ont été très peu nombreux depuis que la loi fonctionne normalement et que le danger prévu à cet égard peut être conjuré.

Il peut l'être d'abord par l'action morale des municipalités et des commissions cantonales, d'une manière en quelque sorte préventive. Il peut l'être aussi par le recours des collectivités intéressées pour la répétition des créances alimentaires.

Nous examinerons successivement ces deux points.

Action morale des municipalités et des commissions cantonales d'assistance

« Les lois, déclarait dans une interview M. Mirman, directeur de l'assistance et de l'hygiène publiques, ne produisent rien si elles sont appliquées en dehors de l'opinion publique. » Cela est vrai surtout des lois sociales, parce que leur mise en œuvre contrarie parfois certains intérêts privés. Il convient alors que ceux qui ont pour mission de faire connaître et respecter les dispositions légales saisissent toutes les occasions d'en expliquer la raison d'être et la portée. Pour les municipalités et les membres des commissions cantonales, leur autorité sera d'autant plus grande qu'ils sont juges soit au premier, soit au second degré.

M. le ministre de l'intérieur indique minutieusement la procédure à suivre, pour les bureaux d'assistance principalement, dans la circulaire du 14 juillet 1908 :

« D'abord interroger le vieillard, savoir quels sont, ou ce que font ses enfants, et s'il s'est adressé à eux pour leur faire connaître son état d'indigence et leur demander assistance. Si le vieillard répond qu'il n'a point fait cette demande, savoir pourquoi. S'il déclare s'être abstenu parce que ses enfants sont eux-mêmes sans ressources et que leur situation à ce point de vue soit en effet notoire, point de difficulté.

« S'il déclare s'être abstenu simplement parce qu'il ne lui plaît pas de faire une telle demande, il conviendra que le maire, s'il ne peut sur ce point vaincre sa résistance, s'adresse directement aux enfants et les mette au courant de cette situation; il s'adressera aussi à eux si le vieillard déclare leur avoir fait une demande et avoir essuyé un refus total ou partiel. »

Dans toutes ces démarches préliminaires, en quelque sorte, mais nécessaires, le maire, surtout dans les petites communes, exercera une influence décisive. Il peut en connaissance de cause parler aux parents du solliciteur et, s'il les sait en situation aisée, leur montrer que leur première obligation est de secourir celui des leurs qui est dans le besoin; leur faire voir que, s'il n'y a rien d'humiliant pour l'indigent à recourir aux pouvoirs publics, il serait au contraire indigne d'eux de se dérober au premier, au plus impérieux de leurs devoirs.

Il devra lutter contre cette opinion erronée, mais qui existe chez certains, d'une manière plus ou moins sincère, à savoir que, les secours de l'État constituant un droit pour leur parent, ils sont eux-mêmes déchargés de toute obligation envers lui.

Nous pensons que les municipalités pourront être utilement secondées dans cette œuvre par les sous-préfets, en leur double qualité d'agents de contrôle de la gestion communale et de présidents de droit de la commission cantonale.

Ces fonctionnaires devront, si une difficulté leur est signalée, vérifier les conditions dans lesquelles l'enquête a été effectuée, si elle est complète et impartiale; et, lorsqu'un recours sera porté devant la commission cantonale, présenter un dossier établi avec soin. Avant que l'affaire vienne en jugement et s'il leur apparaît que leur intervention personnelle puisse être opportune ou décisive, ils n'hésiteront pas à conférer avec le maire et avec les intéressés pour arriver à une solution amiable.

Devant la commission cantonale même, ils devront fournir toutes les explications nécessaires et, s'il n'y a pas à redouter des scènes déplacées, confronter les parties en cause et s'efforcer de les mettre d'accord.

Nous conseillons, s'il ressort jusqu'à l'évidence que la dette alimentaire est due et pourrait être facilement acquittée par les parents, de convoquer devant la commission cantonale ces parents eux-mêmes toutes les fois que les circonstances le permettront. En leur rappelant leurs obligations légales et celles de la solidarité familiale, le sous-préfet ou, en son absence, le juge de paix, secondés par les autres membres de la commission, pourront parfois obtenir par persuasion le secours précédemment refusé. Ils devront montrer à ces parents négligents combien leur attitude est condamnable et combien il serait fâcheux pour eux de s'exposer aux recours en répétition des sommes allouées à l'indigent.

Bien entendu, il y a dans ces pourparlers une question de mesure, d'opportunité et de tact à observer. Autant cette pression morale, lorsqu'elle est vraiment justifiée, est indiquée, autant il faut s'abstenir de se livrer à une sorte de marchandage avec des parents eux-mêmes nécessiteux. C'est seulement lorsque leur situation apparaîtra aisée, dans les conditions habituellement requises par la jurisprudence pour le paiement des dettes alimentaires, que la discussion pourra s'engager utilement. Il conviendra dans ce cas d'en faire mention au procès-verbal, soit pour constater l'engagement pris et y donner plus de gravité, soit pour motiver le secours prévu par la loi. Ce n'est qu'après ces tentatives infructueuses que le recours proprement dit doit s'exercer.

Il nous reste à rechercher dans quelles conditions, par quelles personnes et sous quelle forme.

Le recours de l'article 5 de la loi du 14 juillet 1905

Si nous résumons les explications précédentes, il est possible de préciser les points suivants :

1o La loi du 14 juillet 1905 ne détruit pas la dette alimentaire résultant du Code civil ;

2o Cette dette alimentaire familiale prime toujours la dette sociale ;

3º Toutefois, le défaut de paiement de l'obligation alimentaire, même légale, n'est pas un obstacle à l'inscription sur les listes d'assistance des infirmes et incurables dans l'indigence;

4º L'existence de cette dette alimentaire ouvre seulement un droit, au profit des collectivités intéressées, pour la répétition des secours qu'elles ont fournis indûment, au lieu et place des premiers débiteurs, et contre ces débiteurs.

Ce recours est établi par l'article 5 de la loi, ainsi conçu :

« La commune, le département ou l'État peuvent toujours exercer leur recours, s'il y a lieu, et avec le bénéfice à leur profit de la loi du 10 juillet 1901, soit contre l'assisté, si on lui reconnaît ou s'il lui survient des ressources suffisantes, soit contre toutes les personnes ou sociétés tenues de l'obligation d'assistance, notamment contre les membres de la famille de l'assisté désignés par les articles 205, 206, 207 et 212 du Code civil et dans les termes de l'article 208 du même code.

« Ce recours ne peut être exercé que jusqu'à concurrence de cinq années de secours. »

Nous examinerons successivement par qui, contre qui et comment s'exerce ce droit de recours et quel en est exactement l'objet.

A) *Titulaires du droit de recours*

La loi créant une action spéciale, exceptionnelle du droit commun, en limite impérativement l'emploi à l'État, au département et à la commune. Ce sont, en effet, les collectivités du domicile de secours débitrices de la dette d'assistance.

Comme toutes les personnes morales du droit administratif, ces collectivités ont pour les actes ordinaires de la vie civile, pour les actes de gestion, des représentants attitrés.

« Dans l'instance, dit M. Campagnole, dont le remarquable ouvrage fait autorité (1), le département sera représenté par le préfet. Il n'y a pas de difficulté sur ce point. Le service de l'assistance aux vieillards, aux infirmes et aux incurables, lequel est un service départemental, étant sous l'autorité du préfet, il

---

(1) L'*Assistance obligatoire aux vieillards, aux infirmes et aux incurables.* Commentaire de la loi du 14 juillet 1905, par Édouard CAMPAGNOLE. 2º édition. 1908. Un volume in-8 de 673 pages. Paris, Berger-Levrault et Cⁱᵉ. 7 fr. 50.

semble bien que le préfet pourra exercer le recours pour la commune et pour l'État. »

Pour la commune toutefois, c'est le maire qui pourra d'abord intervenir et introduire l'instance, après avoir été autorisé par son conseil municipal.

Le maire et le préfet sont-ils seuls qualifiés pour mettre en œuvre la procédure instituée par l'article 5 ?

Nous ne le pensons pas. En effet, tout contribuable peut, à ses frais, risques et périls, se substituer au maire pour exercer les actions de la commune. Ce principe est formellement consacré par l'article 123 de la loi du 5 avril 1884 dont voici les termes :

« Tout contribuable inscrit au rôle de la commune a le droit d'exercer, à ses frais et risques, avec l'autorisation du conseil de préfecture, les actions qu'il croit appartenir à la commune ou section de commune et que celle-ci, préalablement appelée à en délibérer, a refusé ou négligé d'exercer. »

En vertu de ces dispositions, un contribuable pourra donc, à notre avis, exercer le recours de l'article 5, mais son action différera de celle du maire sur les deux points suivants :

1º L'autorisation du conseil de préfecture, qui n'est plus nécessaire depuis la loi du 8 janvier 1905 pour les communes, reste imposée au contribuable réclamant ;

2º Ce contribuable devra agir à ses frais et risques, alors que la commune bénéficie de plein droit de l'assistance judiciaire pour tous les actes de la procédure.

Ces restrictions expliquent qu'en fait, même lorsque l'intérêt communal seul sera en cause, le préfet exercera presque toujours le recours de l'article 5, si le maire est défaillant. Souvent même le maire sera le premier à invoquer l'intervention préfectorale en expliquant confidentiellement pour quels motifs il ne peut intenter personnellement l'action, tout en l'estimant justifiée.

Le préfet devra agir soit spontanément, soit sur la proposition du sous-préfet, lorsqu'un abus sera signalé, au nom de l'État, du département ou de la commune. Plus spécialement nous pensons que, chaque fois qu'un litige viendra devant la commission cantonale, le sous-préfet aura pour devoir, en transmettant le dossier à la préfecture, d'y joindre un rapport sur l'opportunité du recours.

*

Contrairement à ce qui se passe devant certaines commissions, il nous semble que la commission cantonale ne doit pas donner d'avis à ce sujet officiellement, car le juge de paix qui prendrait part à cette délibération deviendrait, comme nous le verrons, incompétent pour connaître du procès consécutif.

La loi ayant désigné, limitativement, comme collectivités titulaires du droit de recours spécial de l'article 5, l'État, le département et la commune, les actions en répétition des hospices restent régies par le droit commun, notamment par la loi du 7 août 1851 pour le remboursement des créances alimentaires.

B) *Contre qui peut être dirigé le recours*

L'article 5 précise que le recours peut être dirigé soit contre l'assisté, si on lui reconnaît ou s'il lui survient des ressources suffisantes, soit contre toute personne ou société tenue de la dette obligatoire d'assistance.

Il peut donc y avoir, comme l'indique M. Campagnole, trois actions distinctes, à savoir :

1° Une action contre l'assisté;

2° Une action contre son débiteur conventionnel d'assistance;

3° Une action contre son parent, débiteur d'aliments.

C'est de cette dernière seule que nous devons nous occuper ici pour rester dans le cadre de cette étude.

L'article 5 rappelle les principaux débiteurs de la dette alimentaire, en indiquant que le recours pourra être exercé, notamment contre les membres de la famille de l'assisté désignés par les articles 205, 206, 207 et 212 du Code civil et dans les termes de l'article 208 du même code.

Cette disposition a un caractère énonciatif et non limitatif. Le recours peut donc être dirigé contre tous les débiteurs familiaux et autres de la créance alimentaire, c'est-à-dire également, à notre avis, contre le donataire, contre l'adopté ou l'adoptant.

Il y a comme une subrogation des collectivités dans les droits du vieillard, de l'infirme ou de l'incurable, subrogation qui oblige ses débiteurs d'assistance et qui les oblige tous, mais seulement dans une certaine limite, que nous déterminerons en étudiant l'objet même du recours.

C) *Juridictions. Compétence. Procédure*

Les recours que l'article 5 réserve aux collectivités relèvent de la juridiction des tribunaux ordinaires, la loi n'ayant rien changé à cet égard au droit commun et, comme ces recours rentrent dans la catégorie des actions personnelles et mobilières, ils doivent être portés, suivant l'importance de la demande, devant le tribunal de paix ou devant le tribunal civil du défendeur. S'il y a plusieurs défendeurs, ils peuvent être appelés tous devant le tribunal du domicile de l'un d'eux, au choix du demandeur.

La question se pose ici de savoir si le juge de paix, qui, en sa qualité de membre de droit de la commission cantonale d'assistance, a pris part à la délibération de cette commission relative à l'opportunité de l'action en recours, peut connaître de cette action. La négative ne nous paraît pas douteuse : le fait par le juge de paix d'avoir donné son avis par écrit sur le différend qui lui est soumis est une des causes de récusation prévues par l'article 44 du Code de procédure civile; la doctrine et la jurisprudence sont d'accord pour affirmer qu'il serait contraire à la dignité de la justice et au respect qu'elle doit inspirer que le juge ne se récusât pas d'office. En cas d'abstention du juge de paix, la cause sera jugée par le suppléant.

Pour éviter les conséquences fâcheuses autant qu'imprévues de ce principe, il paraît nécessaire que la commission cantonale se garde d'émettre une opinion sur le recours, ce point n'ayant d'ailleurs pas été placé par le législateur dans le cadre de ses attributions. C'est au sous-préfet qu'il appartiendra de formuler son avis à ce sujet dans un rapport spécial, en transmettant le dossier au préfet.

Les tribunaux de paix connaissent des recours en cette matière dans les limites assignées à leur compétence ordinaire par l'article 1 de la loi du 12 juillet 1905, c'est-à-dire en dernier ressort jusqu'à 300 francs, et, à charge d'appel, jusqu'à 600 francs.

Il importe d'ajouter qu'aux termes des dispositions de l'article 9 de la même loi, la demande formée contre plusieurs défendeurs collectivement et en vertu d'un titre commun, est, hormis le cas de solidarité, jugée en dernier ressort, si la part afférente à chacun d'eux dans la demande n'est pas supérieure à 300 francs ; elle est jugée en premier ressort, si la part d'un seul des intéressés excède cette somme ; enfin, le juge de paix est incompétent sur le tout si cette part outrepasse les limites de sa juridiction.

D'après ces données, et eu égard à la modicité des allocations d'assistance, les collectivités ne seront guère tributaires des tribunaux civils que dans le cas d'appel des décisions de justices de paix.

Nous avons vu que la commune, le département ou l'État, au compte de qui seraient exercés des recours, profitent du bénéfice de la loi du 10 juillet 1901 sur l'assistance judiciaire, assistance qui s'étend non-seulement aux actes d'instance, mais encore aux procédures d'exécution à opérer en vertu des décisions de justice. Le représentant de la collectivité n'aura donc qu'à s'adresser soit au juge de paix, soit au président du tribunal, selon qu'il voudra saisir l'une ou l'autre juridiction — lesquels feront désigner par le syndic des huissiers et le président de la chambre des avoués l'huissier et l'avoué qui auront à prêter leur ministère.

Nous ne nous attarderons pas à indiquer ici les règles de procédure à suivre à l'occasion des actions en recours de la compétence des tribunaux civils ; l'application en incombe à l'avoué commis, à qui il suffira de remettre les instructions et renseignements nécessaires à l'introduction de l'instance.

Devant le juge de paix, il y a lieu d'abord à un appel en conciliation par avertissement gratuit du greffier. La loi du 2 mai 1855, qui prescrit ce préliminaire, dispense d'y recourir lorsque le défendeur est domicilié hors du canton, mais il serait regrettable qu'en une matière où la conciliation est particulièrement désirable, l'usage de cette dispense fût généralisé.

S'il intervient un arrangement au bureau des conciliations, il est utile qu'un procès-verbal soit dressé pour le constater, car l'administration des finances a besoin d'un titre régulier pour opérer l'encaissement, au profit de la collectivité qui les a fournies à l'assisté, des sommes que, sur recours, les parents tenus à la dette alimentaire prennent l'engagement de lui rembourser.

Le procès-verbal de conciliation est classé au rang des minutes de la justice de paix. Il en est délivré une expédition par le greffier au représentant de la collectivité demanderesse.

Les conventions arrêtées sous cette forme ont simplement force d'obligation privée, et nous croyons devoir faire remarquer qu'un acte sous seing privé qui les relaterait, passé entre les parties, en dehors du juge, aurait la même valeur.

Si la tentative de conciliation reste vaine, les défendeurs, ou du moins ceux d'entre eux avec qui l'entente n'a pas été possible, sont cités à l'audience publique par exploit de l'huissier commis, lequel exploit doit préciser l'objet et les moyens de la demande à l'égard de chaque défendeur — et, après vérification, le juge de paix statue.

On procède de même, lorsqu'il s'agit d'obtenir un titre exécutoire contre ceux qui ne remplissent pas les engagements amiablement pris par eux.

Les dispositions des articles 9 et 19 du Code de procédure civile, qui astreignent les parties litigantes à se présenter devant le juge de paix au jour indiqué par la citation, soit en personne, soit par fondé de pouvoirs, à peine d'être jugées par défaut, sont évidemment applicables en la matière, et il paraît à propos d'ajouter que la vérification de la demande, exigée lorsque le défendeur est défaillant, ne l'est pas quand c'est le demandeur lui-même qui fait défaut; dans ce cas, le juge de paix doit prononcer un jugement de défaut-congé et de débouté.

Ce serait donc une erreur de croire que la transmission par les parties au juge de paix de leurs conclusions écrites ou de leurs moyens de défense puisse, en l'état actuel de notre législation, équivaloir à la comparution prescrite. Et cependant, nous ne verrions aucun inconvénient à ce que ce mode de procéder fût autorisé, comme il l'est en matière d'appel électoral, devant les justices de paix; il présenterait ce double avantage d'empêcher l'irritation inhérente à des débats portant sur des questions si directement liées à l'économie intime de la famille, et d'éviter des frais de procurations ou de déplacement, non seulement aux collectivités demanderesses, mais encore aux débiteurs de la dette alimentaire, dont le domicile est parfois très éloigné du siège de la justice de paix saisie.

Mais, en attendant que la modification, que nous appelons de tous nos vœux, ait été l'objet d'une disposition législative, la comparution en personne ou par mandataire est de règle, même au bureau des conciliations.

Les préfets peuvent se faire représenter par un délégué pris dans le service départemental de l'assistance publique (1). Le délégué n'a pas besoin de procuration enregistrée; il suffit qu'il justifie de sa qualité. Tout autre mandataire, à moins qu'il ne soit avocat régulièrement inscrit à un barreau, ou avoué près le tribunal civil du ressort dont dépend la justice de paix, est tenu de produire une procuration enregistrée (L. 12 juill. 1905, art. 26).

Nature, objet et limites du recours

Le recours établi par l'article 5 de la loi du 14 juillet 1905 a un caractère double : c'est une action personnelle-mobilière en répétition de l'indu, mais une action qui procède de la créance alimentaire.

C'est une action en répétition de l'indu en ce sens que les collectivités intéressées demandent le remboursement des sommes dont elles font l'avance dans un sentiment d'humanité, mais qui auraient dû et doivent finalement être supportées par les débiteurs légaux. Les représentants des collectivités, maires ou préfets, se retournent vers ces débiteurs et leur disent : « C'est à vous qu'incombait le devoir d'assistance, vous ne l'avez pas rempli. Dans la nécessité où nous étions de secourir d'urgence votre parent, nous avons pris votre place et fait certaines dépenses pour subvenir à ses besoins. Ces dépenses, c'est vous qui auriez dû les faire, nous avons donc payé ce que vous deviez; maintenant remboursez-nous. »

Lorsque le préfet agit au nom de l'État, du département et de la commune, il réclame la totalité des sommes avancées, sauf à opérer ensuite une répartition entre chaque collectivité : il représente, en effet, l'ensemble du service.

Pour le maire, la question est plus douteuse, et un jugement rendu par le tribunal de Cahors, le 16 février 1909, lui dénie un droit aussi étendu.

Les considérants de cette décision spécifient au contraire « qu'il est indubitable et logique que chacune de ces collectivités n'ait le

---

(1) Ce délégué, aux termes d'une circulaire du 6 mars 1910, parue après la rédaction du présent article, peut être le percepteur en résidence au siège de la justice de paix compétente.

droit d'exercer le recours que jusqu'à concurrence des sommes qu'elle a déboursées personnellement; qu'elle n'est point chargée de recouvrer la créance que peuvent avoir, de ce chef, les autres collectivités qui ont contribué avec elle à assister le vieillard ».

MM. Campagnole et Cameau sont toutefois d'un avis opposé. Se basant sur les dispositions du règlement du 14 avril 1906, qui centralise, conformément à l'article 8 de la loi, les recettes et les dépenses, ils estiment que l'action doit, dans tous les cas, porter sur la totalité des sommes à rembourser. Le maire, comme le préfet, intentera donc une action pour l'ensemble des sommes, qui seront versées ensuite dans la caisse municipale entre les mains du receveur. L'administration déterminera ultérieurement la part afférente à chaque personne morale.

Cette thèse, qui nous paraît rigoureusement juridique et conforme à l'esprit de la loi, est grosse de conséquences. Nous verrons qu'elle a pour résultats d'empêcher tout arrangement, toute convention particulière entre les débiteurs et la commune en vue du versement d'arrérages à l'avenir.

Quoi qu'il en soit, l'effet du recours est limité à la répétition des cinq dernières années de secours. Pendant la discussion de la loi, plusieurs députés ont vivement critiqué cette dérogation au droit commun, en faisant remarquer qu'il y avait là une mesure de faveur pour les débiteurs de la dette alimentaire, qui auraient dû être astreints à un remboursement intégral.

M. Puech a défendu l'opinion contraire, qui a triomphé.

« La pension alimentaire, déclara-t-il dans la séance du 30 mai 1903, n'est due, d'après le droit commun, qu'à l'heure même où on l'exige..... Elle se prélève sur les revenus du débiteur et doit être proportionnée à ces revenus..... C'est du droit exceptionnel que vous faites en créant un effet rétroactif..... »

C'est bien, en effet, d'un droit exceptionnel qu'il s'agit et d'une action à part; cependant, elle provient de la créance alimentaire.

Il a été jugé, en effet, que les collectivités seraient mal fondées en leur demande de recouvrement si, au moment où les dépenses ont été faites, les membres de la famille n'étaient pas en état de s'acquitter de leur obligation alimentaire, ou bien s'ils justifient s'en être acquittés dans les termes d'un jugement rendu contre eux au profit de leurs parents.

Dans le même ordre d'idées et pour répondre à des préoccupations identiques, le rapporteur du projet de loi a indiqué la règle suivante :

« Lorsque la répétition sera poursuivie contre des membres de la famille tenus de la dette alimentaire, il y aura lieu de tenir compte de la situation de fortune de ceux-ci, conformément au principe posé dans l'article 208 du Code civil auquel nous avons jugé utile de nous référer pour prévenir toute équivoque. »

Cette restriction rapproche le recours en question d'une action en paiement de la créance alimentaire, mais le législateur n'est pas allé jusqu'à subroger les collectivités dans les droits appartenant à cet égard à l'assisté. Le tribunal ne peut statuer que sur la réclamation dont il est saisi, c'est-à-dire sur le remboursement des secours versés; encore ne peut-il condamner qu'à un remboursement limité non seulement aux cinq dernières années, mais encore proportionné aux facultés des débiteurs.

La conséquence, c'est que très souvent le remboursement ne pourra être totalement obtenu. Telle personne qui aurait pu assister son parent au jour le jour serait ruinée ou tout au moins mise dans la gêne, s'il lui fallait en une seule fois verser une ou plusieurs années de secours. Il y aurait donc dans cette manière de procéder quelque chose d'injuste.

Pour parer à ce danger, nous ne saurions trop conseiller aux collectivités de ne pas laisser s'accumuler les arrérages et d'intenter l'action aussitôt que née.

Nous ne nous dissimulons pas, d'ailleurs, qu'il est à craindre qu'il n'en résulte des procès fréquents pour des sommes minimes.

Il appartiendra aux maires et aux préfets d'agir de telle sorte que les finances des collectivités ne soient pas lésées, tout en veillant à ce que la loi soit appliquée dans un grand esprit d'humanité. Il conviendra de s'abstenir toutes les fois qu'il y aura même simple doute.

Mais les personnes peu aisées, qui ne sauraient rembourser à la fois une somme relativement élevée, ne pourraient-elles pas être obligées de concourir avec les collectivités à l'assistance de leurs parents? Autant il paraît difficile de leur demander une restitution totale des avances faites, autant, par contre, il semble fondé de les inviter, pour sauvegarder le principe de l'assistance familiale et diminuer les charges financières du service, à subvenir partiellement au besoin de leur parent?

Ce résultat nous paraît souhaitable et c'est un desideratum qui nous a été très souvent exprimé par les maires, devant les commissions cantonales. Ce que voudraient obtenir les représentants des communes, c'est moins une réparation pécuniaire pour le passé qu'une garantie pour l'avenir. Le plus souvent, les assistés ont des enfants qui gagnent plus ou moins largement leur vie. Ils ne peuvent à eux seuls entretenir leur parent, mais ils pourraient, sans difficulté, verser tous les mois une somme minime, ne serait-ce qu'un franc ou deux. Eux-mêmes accepteraient cette transaction qui ménage leur dignité. Ne pourrait-on consacrer ce compromis, soit par une convention librement consentie, soit par un jugement?

Il est évident que cette solution serait de beaucoup préférable, mais elle nous semble d'une légalité douteuse.

En ce qui concerne la convention, M. Campagnole soulève, en effet, les objections suivantes :

« Cette manière de procéder, dit-il, ne paraît pas admissible. La loi de 1905 a, en effet, tracé nettement, en son article 5, la marche à suivre pour obtenir le paiement des dépenses indûment supportées par la commune, le département ou l'État. Une pareille solution serait d'ailleurs en opposition avec les prescriptions du décret du 14 avril 1906 qui, en réglementant la comptabilité du service, centralisent les recettes et les dépenses au budget départemental. »

Cependant, comme l'idée lui paraît juste, et en vue d'obtenir le même résultat, M. Campagnole indique un autre mode de procéder :

« Pour éviter de recourir à une action judiciaire, dit-il, un moyen pratique s'offrirait : ce serait, après avoir assuré au bénéficiaire une pension alimentaire par la reconnaissance de dette des personnes qui y sont légalement tenues, de déduire du taux théorique le montant de cette pension alimentaire, au moment de la fixation de l'allocation individuelle. La créance constituerait ainsi une ressource personnelle de l'ayant droit et il pourrait être fait application de l'article 20 de la loi de 1905. »

Évidemment, c'est là une solution excellente, qu'il faut préconiser et tâcher d'obtenir. Mais n'est-ce pas à craindre que la contribution soit plus ou moins régulièrement versée, que l'assisté ne la

reçoive pas en temps voulu et qu'il éprouve de ce fait un préjudice?

Or, il a droit à un secours non pas partiel et précaire, mais intégral et à échéances fixes.

Cette convention, que nous préconisons quand même, le juge de paix — car c'est lui qui sera le plus souvent saisi — peut chercher à l'établir dans le préliminaire de conciliation, mais il ne saurait la consacrer par jugement.

D'après l'article 5, il est saisi d'une action en répétition seulement. Il sortirait donc des cadres du procès et statuerait *ultra petita* en condamnant pour l'avenir au paiement d'une obligation alimentaire.

Ce serait là cependant le moyen de rendre l'assistance familiale plus efficace et mieux assurée.

Dans le cours de la discussion à la Chambre, M. Paul Beauregard a indiqué la difficulté que nous signalons : « Dans votre système, déclare-t-il, si au bout de cinq ans il était établi qu'il y a une famille solvable, on réclamerait les cinq années écoulées, mais on ne pourrait réclamer pour l'avenir. »

Le rapporteur, à cette critique, répondit très justement qu'on rayerait l'assisté des listes.

C'est, en effet, ce qui se produit le plus souvent. Mais ne peut-il arriver aussi que la famille, bien que condamnée au remboursement pour le passé, se dérobe encore au devoir d'assistance pour l'avenir? Et alors ne retombons-nous pas dans l'hypothèse envisagée au début de cet article, celle d'un indigent qui a des parents aisés, mais qu'il faut assister parce qu'il n'est pas secouru par les siens?

Faudra-t-il donc l'inscrire, sauf à renouveler l'exercice du recours après une certaine période?

Nous pensons que cet inconvénient serait évité si la loi permettait aux collectivités de se subroger aux droits de l'assisté pour la créance alimentaire et d'obtenir, en même temps que le remboursement des avances, un jugement condamnant les débiteurs de la dette alimentaire à l'acquitter dans l'avenir en précisant sous quelle forme et dans quelle mesure. Il y aurait avantage à compléter dans ce sens les dispositions de l'article 5 de la loi du 14 juillet 1905.

Cette question nous amène à envisager une autre modification possible de la loi en ce qui concerne les voies de recouvrement, et c'est par là que nous terminerons notre étude.

En l'état, les créances résultant des jugements rendus à la suite des recours de l'article 5 sont recouvrées par voie d'huissier, avec le bénéfice de la loi du 10 juillet 1901. Si l'on admettait la possibilité de recours dans les conditions que nous envisagions tout à l'heure, c'est-à-dire pour exiger des parents une contribution trimestrielle et mensuelle à la dette d'assistance, ne serait-il pas possible de faire recouvrer ces sommes à l'aide de rôles spéciaux et par le percepteur?

Il paraît, en effet, difficile de mettre en mouvement chaque mois ou chaque trimestre un huissier pour obtenir, si le paiement en est différé, des sommes presque toujours minimes, car, répétons-le, ce serait aller contre l'esprit de la loi que de réclamer une contribution qui gênerait ceux qui l'acquittent.

Nous reconnaissons que cette idée rencontre des objections au point de vue budgétaire, notamment en ce qui concerne l'unité et la centralisation des recettes et dépenses du service.

Il nous a paru intéressant cependant de la signaler comme un des moyens de faciliter et de généraliser l'application d'une loi qui fait le plus grand honneur à la troisième République.

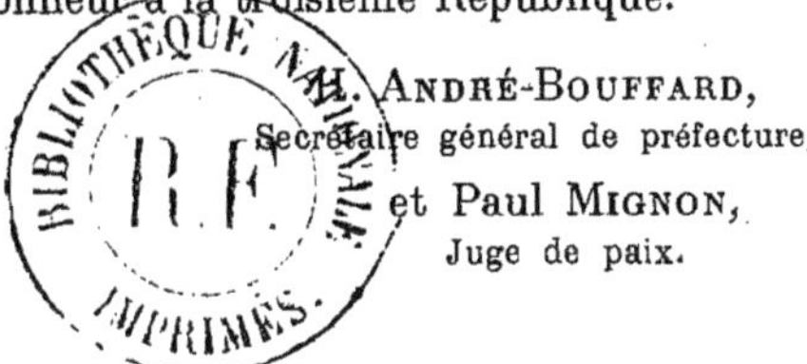

M. André-Bouffard,
Secrétaire général de préfecture,
et Paul Mignon,
Juge de paix.

Extrait de la *Revue générale d'Administration*

www.ingramcontent.com/pod-product-compliance
Ingram Content Group UK Ltd.
Pitfield, Milton Keynes, MK11 3LW, UK
UKHW020149080726
13614UKWH00005B/2483